127

THÉATRE DU GYMNASE-DRAMATIQUE.

LA CROISÉE DE BERTHE

COMÉDIE-VAUDEVILLE EN UN ACTE

DE MM. MICHEL MASSON ET ALBOISE

Représentée pour la première fois, à Paris, sur le théâtre du GYMNASE-DRAMATIQUE le 13 septembre 1847.

Prix : 50 centimes.

PARIS,
BECK, EDITEUR,
RUE GIT-LE-CŒUR, 12.
TRESSE, successeur de J.-N. BARBA, Palais-Royal.

1847.

Yth 991

LA CROISÉE DE BERTHE,

COMÉDIE-VAUDEVILLE EN UN ACTE,

DE MM. MICHEL MASSON ET ALBOISE,

Représentée pour la première fois, à Paris, sur le théâtre du GYMNASE-DRAMATIQUE, le 13 Septembre 1847.

PERSONNAGES.	ACTEURS.
LE BARON DE REISBACH, général	MM. MONVAL.
CASIMIR WENZEL, son neveu	LANDROL FILS.
JOSEPH KALT, soldat	ACHARD.
FRICK, paysan	GEOFFROY.
BERTHE	Mlles DÉSIRÉE.
CLAIRE	KŒHLER.
UN SOLDAT	

L'action se passe dans une petite ville du Tyrol.

NOTA. — S'adresser pour la musique, à M. HEISSER, bibliothécaire et copiste au théâtre.

Une petite place publique; à gauche, au premier plan, la maison où demeure Berthe; au deuxième plan, un chemin qui conduit dans la vallée; à droite, au premier plan, une grille ouvrant sur l'avenue d'une grande habitation; au fond, une colline qui domine la vallée.

SCENE PREMIERE.

CLAIRE, BERTHE.

BERTHE, *à Claire sortant de la maison.*

J'en suis sûre, cousine, c'est bien la musique militaire que j'ai entendue, en bas, dans la vallée... mieux que cela, j'ai reconnu la marche de nos chasseurs du Tyrol.

CLAIRE.

Comment Berthe! de si loin?

BERTHE.

Dame!.. on a l'oreille fine quand c'est avec le cœur qu'on écoute... et puis, je ne suis pas distraite comme toi... ce matin surtout, tu ne fais que rêvasser... moi je n'ai qu'une idée qui m'occupe : le retour de mon fiancé.

Air : *Qu'il est flatteur d'épouser celle.*

Depuis trois ans, que pour la guerre
Monsieur Joseph Kalt est parti,
Tous les jours en m' levant j'espère
Et me dis: C'est pour aujourd'hui.
N' calculant ni l' temps ni l'espace
Bien souvent je m'abuse ainsi;
Et dans chaqu' régiment qui passe
Je crois toujours voir mon mari.

C'est même pour le voir plus tôt qu'au lieu de rester chez nous, à cinq milles d'ici, où il me croit encore, je suis venue loger avec sa grand'mère...

CLAIRE.

Et tous les jours tu en es pour une fausse joie.

BERTHE.

Mon Dieu, oui; dès que le tambour bat... crac, mon cœur saute... et puis rien... c'est chagrinant... mais ça fait plaisir tout de même... Sans ces petits chagrins-là... on périrait de tristesse.

CLAIRE.

De la tristesse, toi?.. tu chantes du matin au soir.

BERTHE.

Les chansons qu'il m'a apprises.

CLAIRE.

Tu danses à toutes les fêtes.

BERTHE.

Toujours à son intention... il n'aime pas qu'on engendre la mélancolie... c'est un si joyeux garçon!.. Tiens, c'est comme la parure... si j'y pense, c'est encore à cause de Joseph Kalt... En partant il m'a recommandé d'être toujours aussi gaie et encore plus gentille, s'il est possible, à son retour... Je veux qu'il s'aperçoive tout de suite que je me suis occupée de lui. (*Elle arrange son bonnet, son fichu.*)

CLAIRE.

Eh bien! je t'y prends aussi à être coquette... tu n'as plus rien à me reprocher.

BERTHE.

Oui, mais je le suis pour faire plaisir à quelqu'un, tandis que ta coquetterie ne sert qu'à désoler tout le monde... Ce pauvre Frick d'abord, qui t'aime tant et que tu ajournes sans cesse... Je ne te ressemble pas... Kalt peut arriver quand

Yth 991

il voudra... mais le plus vite possible... il y a assez longtemps que je suis à marier... dix-neuf ans, ma chère!.. il est temps que ça finisse... et puis, songe donc dans quelles circonstances Kalt est parti!

CLAIRE.

Je m'en souviens... il était à la veille de t'épouser.

BERTHE.

Oui, mais mon père qui vivait alors s'avise de nous trouver trop jeunes pour entrer en ménage.,. comme si le bonheur pouvait jamais venir trop tôt, il exige avant de lui accorder définitivement ma main que j'aie atteint ma majorité... Ce pauvre Kalt, lui, si pressé, si jaloux... il n'a pas pu se faire à l'idée de passer encore trois ans à me dire tous les jours : Bonsoir, mam'selle,.. il m'aimait tant que pour ne plus me voir, il s'est engagé volontaire dans un régiment qui passait...

CLAIRE.

A la condition qu'on lui rendrait la liberté à l'époque convenue.

BERTHE.

Le congé de Kalt ne peut pas faire un pli... c'est une chose due et depuis longtemps.

Air : *Du partage de la richesse,*

Avec ces trois ans, qu'hélas mon cœur déplore ;
Il a fait là-bas sept semaines de plus ;
Or, tu le vois bien, cousine, c'est encore
Pour notre bonheur près de deux mois d' perdus.
D'acquitter l' passé sa tendresse est jalouse...
Il n'aim' pas les dett's, pour moi c'est avéré..
Donc ; son intérêt veut qu' bien vite il m'épouse
De peur d'augmenter l'arriéré.

SCÈNE II.

LES MÊMES, FRICK *.

FRICK, *accourant du fond à droite par la colline.*

Les voilà !.. les voilà ! tiens vous êtes ici mam'selle Claire... de si bonne heure et si loin de chez vous?.. ah! je suis surpris !.. ah ! je suis charmé ! ah ! je suis heureux!..

CLAIRE.

Vous êtes... vous êtes bête. . mon pauvre Frick.

BERTHE.

Du moins très impatientant... vous accourez en nous criant : les voilà... et nous ne savons pas de qui vous parlez.

FRICK.

Parbleu ! c'est d'eux-mêmes... de nos braves chasseurs du Tyrol.

BERTHE, *remontant vers la colline.*

Il serait possible !

FRICK.

Mais, oui, ils arrivent.

BERTHE, *revenant et mettant la main sur son cœur**.

Ah ! mon pauvre cœur... comme il saute !..

FRICK.

Attendez donc, quand je dis qu'ils arrivent... ils se sont arrêtés au fond de la vallée pour se faire beaux avant d'entrer dans la ville.

BERTHE, *vivement à Frick.*

Ainsi il est toujours bien portant... il vous a dit qu'il m'avait été bien fidèle, n'est-ce pas ?... vous lui avez dit que je l'aimais encore plus qu'autrefois.

FRICK.

Mais, non, nous n'avons pas dit un mot de cela. Puisque je ne lui ai pas parlé.

BERTHE.

Mon Dieu!.. est-ce que vous l'auriez pas vu?

FRICK.

Si fait... très bien... nous nous sommes même donné une poignée de main... de loin, par exemple... attendu que les sentinelles empêchent d'approcher du régiment pendant qu'il se pomponne... c'est d'autant plus poli de la part de ces braves chasseurs qu'ils s'en vont demain au point du jour.

BERTHE.

Les autres, c'est possible ; mais moi je garde mon mari... le capitaine en me prenant Kalt pour trois ans s'est engagé sur sa parole d'honneur à me le rendre à l'époque convenue ; elle est arrivée, et je l'aurai quand je devrais aller le réclamer au général qui loge là en face depuis trois jours. (*Elle remonte***.)

FRICK.

Le baron de Reisbach?.. je le connais... un fameux militaire... très vif, par exemple... à cheval sur la discipline... en ma qualité de soldat de la garde urbaine, nous avons causé ensemble... j'ai même eu des discussions avec sa canne. (*Il remonte.*)

BERTHE.

Oh!.. mais moi, je ne le crains pas... et toi, Claire ***?

CLAIRE, *qui était rêveuse.*

Tu dis, Berthe?

BERTHE.

Comment, ça te reprend encore?,,, Ah! ça qu'as-tu donc ce matin?

CLAIRE.

Moi?.. rien, je songeais.

FRICK.

A quoi?

* Frick, Claire, Berthe.

* Frick, Berthe, Claire.
** Berthe, Frick, Claire.
*** Berthe, Claire, Frick.

CLAIRE.

Ça ne vous regarde pas!

FRICK.

Ah! très bien!

BERTHE.

Si tu continues, tu ne seras jamais prête pour le moment du mariage, d'autant plus qu'il y a une grande heure de marche d'ici chez toi!

FRICK.

Vous retournez chez vous? comme ça se trouve.. si vous voulez accepter mon bras nous allons trotter ensemble.

CLAIRE.

Seule, ou avec vous, ça m'est égal.

FRICK.

Merci!.. oh! merci de la préférence... justement v'là le général... s'il savait que je ne suis pas à mon poste... il reprendrait la conversation de l'autre jour... une causerie à bâtons rompus. (*Se retournant et ne voyant plus Claire qui a gagné la colline au fond.*) Eh bien!.. où est-elle? mademoiselle Claire... mademoiselle Claire*!..

BERTHE, *à Claire qui va sortir par le fond, à gauche.*

Eh bien! où vas-tu donc, étourdie, tu te trompes, ton chemin est à droite et tu donnes à gauche!.. Qu'est-ce qu'elle a donc!.. (*Elle rentre chez elle.*)

CLAIRE.

C'est la faute de M. Frick... il m'égare!

FRICK, *lui donnant le bras.*

Oh! si on peut dire... au fait je n'en serais pas fâché. (*Il sort avec Claire.*)

SCÈNE III.

LE BARON, CASIMIR.

LE BARON, *sortant de la grille à droite.*

Assez, capitaine... il me plaît que vous gardiez les arrêts jusqu'à demain... vous connaissez ma volonté... tout est dit.

CASIMIR.

Eh bien! non, général, tout n'est pas dit, car enfin, mon oncle, qu'avez-vous à me reprocher?.. ma compagnie... je suis fier de le dire, s'est bravement comportée devant l'ennemi; j'arrive après la campagne finie et au lieu d'une marque de satisfaction, la première faveur que vous m'accordez, c'est de m'envoyer aux arrêts sans motifs.

LE BARON.

Que ne dites-vous tout de suite par caprice!

CASIMIR.

Je pourrais le penser devant mon général... mais c'est à mon oncle seul que j'oserais le dire.

LE BARON.

Le général vous répondra, monsieur le raisonneur, que, dans l'intérêt de la discipline, il est obligé à plus de sévérité envers vous qu'envers tout autre.

Air : *Ah! si madame me voyait.*

En ma qualité de parent,
Pour peu que vous soyez coupable
Moi, je dois être inexorable;
De votre part tout délit est plus grand,
Puisque vous êtes mon parent.

CASIMIR.

Donc si pour la même vétille
Au cachot un autre se rend;
Il faudra que l'on me fusille,
En ma qualité de parent.

LE BARON.

Te faire fusiller! (*Se reprenant*) et pourquoi pas, capitaine, si vous le méritiez... Au surplus, il ne s'agit que de rester consigné chez vous pendant vingt-quatre heures.

CASIMIR.

Sans demander la raison de cet ordre rigoureux.

LE BARON.

Le feld-maréchal comte de Lascy que nous attendons d'un moment à l'autre m'a ordonné de prendre les mesures les plus sévères pour que le passage des troupes ne donne lieu à aucune plainte... aussi j'ai décidé que les soldats n'entreraient pas dans la ville et que les officiers resteraient enfermés chez eux jusqu'à notre départ qui aura lieu demain.

CASIMIR.

Ah! général, il suffit de me demander ma parole... j'en suis esclave.

LE BARON

Fort bien... vous allez d'abord me dire où vous étiez cette nuit.

CASIMIR, *à part.*

Diable! il s'est aperçu...

LE BARON.

Vous aviez promis de ne vous absenter que pour les besoins du service.

CASIMIR.

C'est ce que j'ai fait... (*A part*) risquons le mensonge... (*Haut*) Obligé de précéder ici ma compagnie... j'étais inquiet sur la dernière étape... on avait mal reçu le détachement qui avait passé la veille... craignant une collision entre les bourgeois et les soldats, j'ai voulu imposer la paix par l'autorité de ma présence.

LE BARON.

Mais alors pourquoi revenir... vous auriez dû rester à la tête de votre compagnie... vous parti, le danger pouvait renaître.

CASIMIR.

J'ai laissé des instructions à mes lieutenants... D'ailleurs Kalt était là pour donner le bon exemple; non-seulement il respecte la discipline, lui,

* Berthe, Frick, Claire.

mais encore il s'y soumet de si bonne grâce qu'il la fait aimer aux autres.

LE BARON.

C'est un homme précieux... (*On entend la voix de Kalt.*) Mais il y a du bruit de ce côté; oui, vraiment... c'est un chasseur tyrolien qui est amené ici par deux hommes de la garde Urbaine.

CASIMIR.

Un chasseur?

LE BARON.

De votre compagnie peut-être?

CASIMIR, *regardant.*

Ah! mon Dieu!.. mais c'est précisément Joseph Kalt.

LE BARON.

Celui dont vous me vantiez à l'instant l'obéissance?.. le drôle aura voulu forcer la consigne... et suivant les ordres que j'ai donnés, on me l'amène... il sera puni.

SCÈNE IV.

LES MÊMES, KALT, FRICK, *en uniforme**, *un soldat de la garde Urbaine.*

KALT, *à Frick et au soldat.*

Halte! front!.. nous y voilà!..

LE BARON.

Le diable m'emporte, c'est lui qui commande la manœuvre.

FRICK.

C'est qu'il s'y entend mieux que nous, c'est son métier... nous, nous n'exerçons qu'en amateurs.

CASIMIR.

Comment se fait-il, mon pauvre Kalt?

LE BARON.

Silence, capitaine... c'est à moi de l'interroger... réponds, coquin, pourquoi t'a-t-on arrêté?

KALT.

Faites excuse, mon général, ce n'est pas eux qui m'ont pris... c'est moi qui les tiens.

CASIMIR.

C'est ma foi vrai!..

LE BARON.

Que signifie?..

KALT.

Voyant qu'il nous était interdit d'entrer dans la ville, comme j'avais à vous parler ainsi qu'à mon capitaine... j'ai prié mon ami Frick... qui était de service à la barrière de me mettre la main sur le collet... il m'a refusé, lui... un camarade d'enfance... fi!..

FRICK.

Mais c'est justement à cause de ça.

*Le baron, Frick, Kalt, Un soldat, Casimir. (*Kalt entre les deux soldats, dont il tient les deux poings, applíqués sur sa poitrine.*)

KALT.

Alors je l'ai empoigné... ainsi que son collègue et je les ai amenés jusqu'ici tous les deux... voilà comment ils m'ont arrêté.

LE BARON.

Voyons, drôle, parle, que me veux-tu?

KALT.

Pardon, général, les camarades ont affaire au poste, si vous voulez me permettre de les lâcher.

LE BARON.

Parbleu! cela va sans dire.

KALT, *les lâchant.*

Allez, mes braves, votre prisonnier vous donne la clé des champs.

LE BARON, *levant sa canne sur Frick et son compagnon.*

Mauvais soldats... vous mériteriez de faire connaissance avec ma canne.

FRICK, *s'esquivant.*

Merci, général, nous sommes déjà intimes. (*Il sort avec le soldat par le fond à droite*)

SCÈNE V.

KALT, LE BARON, CASIMIR.

LE BARON.

C'est sans doute l'intérêt du service qui t'amène.

KALT.

L'intérêt du service, non, général, c'est le mien... nous sommes aujourd'hui le 25 août.

LE BARON.

Eh bien! qu'importe!

KALT.

Ça m'importe beaucoup à moi... attendu que depuis le 1er juillet je ne dois plus rien au gouvernement, et lui, voilà sept semaines qu'il me doit mon congé.

CASIMIR.

Mais au fait, c'est juste... j'avais oublié...

LE BARON.

Ton congé, déjà?.. ce n'est pas possible... depuis combien de temps es-tu sous les drapeaux?

KALT.

Depuis que feu le père de mam'selle Berthe, m'a remis à l'époque de la majorité de sa fille pour m'accorder sa main.

LE BARON.

Que viens-tu me chanter?

KALT.

Au fait, ce n'est pas une date pour vous, général... voici la chose... défunt le brave capitaine Blumfield qui commandait autrefois la compagnie, passa un jour par ici, cherchant des hommes de bonne volonté pour battre l'ennemi... comme je n'avais rien de mieux à faire, je me suis engagé pour trois ans, et, sans me vanter, je ne les ai pas mal employés.

Air : *de Turenne.*

En huit jours j'appris l'exercice,
Aux plus anciens j'en remontrais,
Le mois suivant plus d'une cicatrice
Faite à l'enn'mi qui me r'gardait d' trop près
A témoigné de mes progrès,
Dans un compte y n' faut rien de trouble
Or pour six ans chacun étant lié
Moi qui n'en fais que la moitié.
Pour être au pair je m' battais double.

CASIMIR.

Pour cela je puis l'affirmer... vous-même, général, sur le rapport du colonel, vous avez mis deux fois Joseph Kalt à l'ordre du jour de l'armée.

LE BARON.

Je me le rappelle maintenant... il s'est bien conduit.

KALT.

Par probité, général, je n'avais pas de goût pour l'état... mais je tenais la place d'un brave... il fallait que l'ennemi eût son compte.

LE BARON.

Je crois même que tu as enlevé un drapeau.

KALT.

Toujours par probité... nous répondions de celui qu'on nous avait pris...

LE BARON.

Tout cela est fort bien... mais la preuve de cet engagement?

KALT.

La preuve signée? dans un moment de presse elle a servi à faire une cartouche.

CASIMIR.

Oui, mais elle existait quand j'ai pris le commandement de la compagnie, et j'ai donné ma parole d'honneur de ratifier la promesse du capitaine Blumfeld.

LE BARON.

C'est bon, on verra! (*Il remonte vers le fond.*)

KALT.

On verra?.. ça doit être tout vu... remarquez, général, que je vous ai donné la bonne mesure... sept semaines par dessus le marché... j'ai continué à emboiter le pas avec la compagnie... Il est vrai que ça ne me détournait pas de mon chemin... je suis né natif d'ici, original de l'endroit.

CASIMIR, *bas à Kalt* *.

Ah! tu es de cette petite ville... très bien, j'ai à te parler.

KALT, *bas.*

A vos ordres... (*Haut*) Ainsi mon congé?..

CASIMIR.

Sois tranquille, le général te le donnera aujourd'hui même.

LE BARON, *revenant.*

Mais... perdre un si bon soldat.

* Kalt, Casimir, le Baron.

KALT.

Je le sais bien, c'est fâcheux pour vous.

UN VALET, *paraissant par la grille.*

Général, l'aide-de-camp du feld-maréchal vous apporte un message.

LE BARON.

C'est bien, je vais le recevoir.

CASIMIR.

Permettez-moi d'aller donner un coup-d'œil à ma compagnie, casernée aux portes de la ville.

LE BARON.

Allez, monsieur, mais n'oubliez pas, en revenant, de prendre les arrêts.

(*Il entre à droite suivi du valet.*)

SCENE VI.

CASIMIR, KALT.

KALT.

Prendre les arrêts!.. Je vois, capitaine, que vous ne danserez pas à ma noce.

CASIMIR.

Tu es donc bien pressé?...

KALT.

D'épouser ma petite Berthe!.. Ah! Dieu de Dieu! je l'aime tant! à preuve que je l'ai quittée...

CASIMIR.

Joli témoignage d'amour!

KALT.

Je ne pouvais plus y tenir... on la regardait avec des yeux!.. on lui disait des douceurs que ça faisait frémir... je n'avais pas le droit de m'en fâcher, voilà ce qui me rendait furieux... il y a des moments où je me serais battu pour un mot, pour un signe... pour rien du tout!

CASIMIR.

Diable!.. tu es jaloux!

KALT.

Non!...

Air : *Vaudeville du baiser au porteur.*

Non, ce n'est pas d' la jalousie,
Car, je le sens, j' verrais avec sang-froid
Ce qui m' cause cette frénésie
Si j'avais sur elle quelque droit.
Tout mon malheur, c'est d' n'avoir aucun droit.
Ça vous semble étrange peut-être ?
Mais bien loin à tout d' m'opposer :
Je permettrais beaucoup si j'étais l' maître
Le maître de tout refuser.
J' voudrais pouvoir tout refuser.

CASIMIR, *remontant à gauche en regardant la maison de Berthe* *.

Hâte-toi de te marier... jusque là tu seras un homme très dangereux.

* Casimir, Kalt.

KALT.

Ça se fera bientôt... mais quel malheur si vous ne pouvez assister à la cérémonie... vous y auriez eu de l'agrément... tous les amoureux ne sont pas ombrageux comme moi... et les filles sont très jolies dans notre pays.

CASIMIR.

Je le sais bien.

KALT.

Bah ! déjà?

CASIMIR.

Il y a vingt-quatre heures que je suis ici... tiens c'est justement à propos de cela que je tenais à te parler, j'ai besoin... d'un renseignement.

KALT.

Je n'en tiens pas... mais si ça peut vous obliger...

CASIMIR.

Hier, un de mes camarades, un officier, a rencontré une ravissante jeune fille... là-bas, du côté de la maison de ville.

KALT.

C'est le quartier des grisettes.!. naturellement il l'a suivie?

CASIMIR.

Il allait l'aborder lorsqu'elle rentra chez elle et lui ferma la porte sur le nez sans s'apercevoir qu'il était là !

KALT.

Ou plutôt elle eut l'air de ne s'apercevoir de rien... les filles voient tout, capitaine.

CASIMIR.

C'est ce qu'il a pensé, car à peine dans sa chambre la charmante enfant s'est mise à la fenêtre.

KALT.

Alors, il se montre, il met la main sur son cœur.. il soupire... les giries de circonstance, enfin.

CASIMIR.

Non pas, à l'heure qu'il était on aurait pu le voir, et instruire le général... l'officier en question a mieux fait, après avoir calculé la hauteur de la croisée, il quitte son poste d'observation, rentre chez lui, attend que minuit sonne, puis il revient, escalade la fenêtre de la belle et pénètre dans sa chambre qu'éclairait la faible lueur d'une veilleuse de nuit.

KALT.

Bigre!.. c'est hardi!.. ça vous ressemble un peu, ça, capitaine.

CASIMIR.

Oui... assez... c'est un camarade qui a tous mes principes.

KALT.

Donc, le voilà dans la chambre.

CASIMIR.

Le bruit d'une légère respiration guide ses pas vers l'alcove... la vacillante clarté lui permet d'aviser le plus joli bras du monde qui pendait hors du lit... la main qui s'offrait à lui, appelait un baiser.

KALT.

Et mon scélérat d'officier répond à l'appel?

CASIMIR.

En se relevant il heurte un meuble.

KALT.

La pauvre fille ouvre les yeux.

CASIMIR.

Non, mais ce bruit donne sans doute l'éveil à quelqu'un qui était dans une pièce voisine... un scrupule s'empare de mon camarade... il s'esquive par le même chemin... par la croisée...

KALT.

Par la croisée...

CASIMIR.

Oui, et il vient nous raconter son aventure.

KALT.

A vous?

CASIMIR.

Et à trois ou quatre autres... nous nous étions réunis pour abréger la nuit... tu comprends qu'il a donné à entendre que le dénouement avait été moins brusque... autrement on se serait moqué de lui.

KALT.

Comment il a osé dire?

CASIMIR.

Il faut bien éviter le ridicule... bref, pour en finir avec l'aventure, mon camarade, en redescendant avec précaution par la fenêtre, a perdu la dragonne de son épée.

KALT.

Ah! diable !.. si on voit qu'elle lui manque.

CASIMIR.

Ce n'est pas là ce qui l'inquiète... elle est déjà remplacée... mais on pourrait la rapporter au général qui nous avait tous consignés cette nuit... tu devines quel terrible orage fondrait sur nous.

KALT.

Oui, j'en tremble rien que d'y penser... mais mais ça serait bien fait.

CASIMIR.

Cela n'arrivera pas, grâce à toi, je vais te désigner la maison où l'officier s'est introduit.

KALT.

Comment! il vous l'a montrée, à vous?

CASIMIR.

A moi, et aux autres... cette diable de dragonne nous intéresse tous... mais puisque tu es de cette petite ville, nous sommes sauvés!.. tu te présenteras dans la maison sous le premier prétexte venu, et tu réclameras la dragonne; tu peux bien me rendre ce service-là, à moi, qui te rends la liberté!

KALT.

C'est juste... vous dites que c'est...

SCENE VII.

LES MÊMES, BERTHE*.

BERTHE, *sortant de la maison.*

Mais, oui, le voilà! arrivez donc, Monsieur, on vous guette depuis une heure.

KALT.

Est-il possible?.. c'est vous! c'est toi!.. mais oui, ah! grand Dieu! Berthe!..

CASIMIR, *à part.*

Que vois-je!.. me trompé-je!.. c'est elle!...

BERTHE.

Certainement que c'est moi!

KALT.

Berthe?.. ma petite Berthe!..

CASIMIR, *à part.*

La fiancée de Kalt!

BERTHE.

C'est qu'il n'est pas changé... si, en mieux et bien portant... si ce n'est pas affreux d'avoir une santé comme celle-là quand vous êtes loin de moi.

KALT.

Le chagrin t'a bien profité aussi... ah! ça comment se fait-il que je te trouve ici à mon arrivée.. tu étais donc venue m'attendre.

BERTHE.

Mais oui, depuis sept semaines je loge chez votre grand,mère... elle me parlait de vous, ça nous rapprochait toujours un peu!

KALT.

Ah! s'il n'y avait pas quelqu'un là, comme je t'embrasserais.

BERTHE.

Faites comme moi, Monsieur, ne voyez que votre future... ce sera comme s'il n'y avait personne.

KALT.

Elle a raison... (*Après l'avoir embrassée.*) Vous permettez, capitaine?

CASIMIR, *à part.*

Pauvre garçon! s'il savait que c'est moi!..

KALT.

Vous permettez encore, n'est-ce pas?..

BERTHE, *à Kalt qui veut encore l'embrasser.*

Ah! mais, assez!.. assez!.. si vous en donnez tant que ça à votre fiancée... il n'en restera plus pour votre femme.

KALT.

Il y en a encore, il y en aura toujours, ça ne s'use pas, n'est-ce pas, mon capitaine? (*Désignant Casimir.*) Car c'est mon capitaine... je te le présente... mon capitaine. Je vous présente ma future.

CASIMIR.

Aussi gracieuse que jolie... tu permets que je lui dise cela?

* Casimir, Kalt, Berthe.

KALT.

Je crois bien, à vous... et même, après le mariage, je vous permettrai de l'embrasser.., j'en aurai le droit... mais pas avant... attendu que je ne peux pas m'y opposer.

BERTHE.

Ah ça! j'espère que vous avez votre congé, Monsieur?..

CASIMIR.

Le général va le lui donner tout-à-l'heure.

BERTHE.

Oh! oui, bien vite, qu'il se dépêche... il s'agit de notre mariage... c'est très pressé.

KALT.

Hein?.. vous l'entendez! qu'elle est gentille! ah! pourquoi donc faut-il que je ne l'épouse pas aujourd'hui même.

BERTHE.

Mais rien ne vous en empêche... tout est prêt.. on n'attendait plus que vous.

KALT.

Une pareille surprise... ah! mais, alors, il faut que le général m'expédie tout de suite.

CASIMIR.

Je vais moi-même chercher ton congé (*A part.*) je lui dois bien cela. (*Il remonte vers la grille.*)

KALT*.

Vrai!... comme il est aimable, mon capitaine, c'est un meurtre de le quitter.

BERTHE.

Comment! Monsieur!..

KALT.

C'est pour t'épouser... il n'y a pas de mal... je gagne au change... mais une idée qui me pousse... si nous allions tous les trois chez M. le baron de Reisbach, nous l'inviterions à la noce... il verrait Berthe... ça pourrait le décider à me signer ça plus vite... ce n'est pas qu'il soit très sensible à la beauté... mais il le sera pour sûr à l'invitation.

BERTHE.

Au fait, ça se trouvera d'autant mieux que j'ai justement à parler au général.

KALT.

Bah! tu as affaire aux généraux?

BERTHE.

Pas pour mon compte, il s'agit de rendre service à quelqu'un.

KALT.

Tiens!.. et à qui donc?

BERTHE.

Je ne sais pas... mais je me doute que M. le baron de Reisbach connaît une personne qui est bien en peine.

KALT.

En peine de quoi?

* Berthe, Kalt, Casimir.

BERTHE.

D'une dragonne d'épée.

KALT.

Une dragonne?

CASIMIR, *à part.*

Ah! miséricorde!..

BERTHE.

C'est bien sûr un officier qui l'aura perdue hier dans la rue... ces messieurs égarent toujours quelque chose.

KALT.

Et tu connais la personne qui l'a trouvée?

BERTHE.

Sans doute, puisque c'est moi!

KALT.

Toi?

BERTHE.

Oui, au point du jour... elle était là... juste au-dessous de la croisée de ma chambre. (*Elle entre un instant chez elle.*)

KALT, *balbutiant.*

Sous... sous... la croisée... la... la dra... dragonne... allons donc... ça... ça n'est pas possible!..

CASIMIR, *à part.*

Pauvre garçon!..

BERTHE, *sortant de la maison avec la dragonne et la montrant.*

C'est positif, puisque la voilà... mais pourquoi donc bégayez-vous, à présent.

CASIMIR, *bas à Kalt.*

Oui, calme-toi, tu vois qu'elle ne sait rien.

KALT, *bégayant toujours.*

Tu crois que je bégaye... Alors c'est donc la surprise... la joie!..

BERTHE.

Bah! vous étiez peut-être chargé de la retrouver?

KALT.

Justement!..

BERTHE.

Là!.. comme c'est heureux que ce soit moi précisément qui vous la rende... Ça vous fait double plaisir, n'est-ce pas?

KALT.

Oui!.. je suis... je suis enchanté... (*A part.*) J'étouffe de rage.

BERTHE.

En ce cas dépêchons-nous d'aller la reporter au général.

CASIMIR.

Gardez-vous-en bien... il punirait celui qui l'a perdue!

KALT, *la prenant.*

Je la remettrai à son propriétaire... Il y a une récompense... je tiens à me la faire donner tout de suite... pendant ce temps-là tu préviendras la grand'mère de mon arrivée.

BERTHE.

Elle est toute prévenue!..

KALT.

C'est égal, annonce-lui ça petit-à-petit avec beaucoup de ménagements.

BERTHE.

Mais, puisqu'elle le sait.

KALT.

Mais, puisque je t'en prie!

BERTHE.

C'est bon! c'est bon! j'y vais! (*Elle rentre chez elle.*)

SCÈNE VIII.

KALT, CASIMIR.

KALT.

Eh bien! mon capitaine?..

CASIMIR.

Mon pauvre Kalt, je suis au désespoir.

KALT.

Et moi donc?

CASIMIR.

Combien je me repens d'avoir parlé!

KALT.

Je vous en remercie, au contraire, ces choses-là ça fait du mal, mais on est bien aise de les savoir.

CASIMIR.

Au bout du compte, il ne s'agit de presque rien.

KALT.

Presque rien?.. Votre ami a pénétré dans la chambre à coucher de Berthe, il l'a regardé dormir, ce que je n'ai jamais vu, moi!.. Ah! vous allez me dire le nom de l'officier, n'est-ce pas?

CASIMIR.

Que veux-tu faire?

KALT.

Presque rien, aussi... me battre avec lui jusqu'à ce qu'il m'ait tué où que je le tue.

CASIMIR.

Le provoquer, lui? ton supérieur!

KALT.

Oh! non pas!.. Dans un instant, grâce à vous, je vais avoir mon congé... tout rang, toute discipline auront disparu... Mon capitaine, je vous en prie, son nom... vous me devez bien ce petit service-là!

Air : *Adieu, je vous vois bois charmant.*

Sans reproche, rappelez-vous,
Ce jour de combat, de furie,
Où me plaçant devant les coups
J'eus l' bonheur d' vous sauver la vie.
Vous m'avez dit : j' te r'vaudrai ça
Comme l'injure qui m'est faite

Attaque mon honneur... voilà
Le moment d'acquitter vot' dette.
On attaqu' mon honneur... voilà
Le moment, d'aquitter vot' dette.

CASIMIR.

Sans doute.... mais le nom que tu veux savoir... je ne puis... je ne dois pas te le dire.

KALT.

C'est juste, au fait... ça serait dénoncer un camarade... je ne vous demande rien, j'ai un autre moyen de connaître mon ennemi.

CASIMIR.

Et lequel?

KALT.

C'est de porter la dragonne à votre oncle... il saura bien me dire lui, à qui elle appartient.

CASIMIR.

Non, pour le punir d'un moment de folie, d'une imprudence, tu ne te feras pas toi-même son dénonciateur... Je te promets, moi, de le faire repentir de sa faute... que peux-tu vouloir de plus?..

KALT.

Je voudrais quelque chose de moins!...

CASIMIR.

D'ailleurs ta fiancée est innocente... je le sais.

KALT.

Oui, vous le savez... moi aussi, j'en suis sûr... mais les autres auxquels il est allé faire un mensonge pour ne pas leur paraître ridicule?.. à leurs yeux elle est compromise, déshonorée... tenez, voyez-vous, capitaine, je lui fais encore trop d'honneur en voulant me battre avec lui, car cet homme-là il est indigne de son grade!... c'est un lâche!

CASIMIR.

Un lâche!..

KALT.

Oui! et vous allez me dire qui il est?

CASIMIR.

Eh bien! oui, puisque tu veux le savoir... celui que tu oses appeler lâche, c'est...

KALT.

C'est?...

CASIMIR, *à part.*

Qu'allais-je dire?

KALT.

Eh bien?

CASIMIR.

Non, pour l'instant tu ne sauras rien, Kalt, tu es encore soldat... tu irais l'insulter... te faire fusiller; aussitôt que tu auras reçu ton congé... je te dirai ce nom... je t'en donne ma parole d'honneur.

KALT.

Merci, mon capitaine, je cours chercher mes témoins... ça ne sera pas long... je prendrai ceux de mon mariage. (*Il sort, par le fond, à gauche.*)

SCÈNE IX.

CASIMIR, BERTHE, LE BARON.

BERTHE, *sortant de la maison et suivant Kalt des yeux.*

Comment il n'était pas encore parti!..

KALT, *en sortant.*

Mais si, mais si... je m'en vais.

BERTHE.

Comme il est devenu musard.

LE BARON, *venant de la grille*.*

Ah! vous voilà de retour, capitaine?

CASIMIR.

Oui, général, je venais réclamer votre promesse.

LE BARON.

Quelle promesse!..

BERTHE, *s'avançant.*

Ah! général... je sais ce que c'est... ça me concerne personnellement.

LE BARON.

Vous?

BERTHE.

Pardon... il s'agit de mon fiancé, car je suis la fiancée de Kalt, pour vous servir et lui aussi... voilà sept semaines qu'il attend son congé pour être heureux... et il n'a plus le temps d'attendre... ni moi non plus.

LE BARON.

Ah! très bien, mon enfant, c'est qu'il y a une petite difficulté.

CASIMIR.

Une difficulté, mon oncle, il ne peut y en avoir.

BERTHE.

Certainement, il a fait son temps et il a pris un drapeau, il me semble que c'est bien gentil et qu'on ne peut rien demander de plus à un jeune homme qui n'a pas de goût pour le métier de la guerre et qui en a tant pour le mariage.

LE BARON.

Son mariage, il n'y faut plus compter pour le moment... Kalt reste soldat.

CASIMIR.

Mais vous avez promis.

LE BARON.

Plus que je ne pouvais tenir... je viens de recevoir l'ordre du feld-maréchal de veiller à ce que les régiments soient au grand complet et de ne délivrer aucun congé, aucune permission sous quelque prétexte que ce soit. (*Casimir remonte.*)

BERTHE.

Mais c'est abusif... les jeunes filles ne peuvent pas tolérer ça... elles vous cédent leurs amoureux, mais c'est à condition qu'on les leur rendra.

* Casimir, le Baron, Berthe.

Air : *de Fanchon.*

A vous tout l'avantage
Vous avez en partage
Et les plus beaux et les mieux faits
Souvent les plus solides
Sont mutilés par les boulets,
Avant d'être invalides
Quéqu'fois rendez-nous les.

Justement voilà une occasion... puisque Joseph Kalt a droit à sa liberté.

CASIMIR*.

Oui, rassurez-vous... le général oublie que cet ordre ne peut pas concerner votre futur, la promesse qui lui a été faite est antérieure.

LE BARON.

Non, Monsieur, c'est ce matin que j'ai promis... l'ordre est signé d'hier.

CASIMIR.

Mais je me suis engagé envers Kalt.

LE BARON.

Le feld-maréchal vous dégage.

CASIMIR.

Le feld-maréchal a le droit de m'envoyer à la mort devant l'ennemi, mais non de me déshonorer aux yeux de mes soldats.

LE BARON.

Ce sont des phrases... dans le service on ne les admet pas, on obéit.

BERTHE, *après un silence.*

Mais tout est prêt pour la noce.

LE BARON.

La noce attendra. (*Il remonte la scène, Berthe le suit tout en parlant.*)

BERTHE.

Voilà trois ans et sept semaines que j'attends moi... sept semaines que le gouvernement me doit... je lui en fais grâce, mais là, vrai, général, je n'ai pas le moyen d'y mettre un jour de plus.

CASIMIR, *au baron**.

Songez que ce pauvre garçon va m'accuser de manquer à ma parole d'honneur !

LE BARON.

S'il murmure, on l'enverra à la salle de police.

CASIMIR.

Vous lui donnez le droit de m'insulter.

LE BARON.

Qu'il s'en avise, je le fais fusiller.

BERTHE.

Fusiller !.. et c'est comme ça que vous tenez les régiments au complet !

LE BARON.

On le remplacerait.

BERTHE.

Eh bien ! voilà justement ce que je demande, prenez-en un autre et laissez-moi celui-là ! chacun son tour... lui, c'est le sien de se marier.

CASIMIR.

Au fait, général, elle a raison... que Kalt se fasse remplacer, vous ne contrevenez pas aux ordres du feld-maréchal... vous pouvez toujours présenter le même nombre d'hommes.

BERTHE.

Oh ! vous êtes forcé d'accepter cet arrangement-là.

LE BARON.

Oui-dà !.. eh bien ! soit... trouvez un remplaçant, grand, beau, brave, apte au service... mais trouvez-le d'ici à une heure, car le régiment va se remettre en route. (*Il remonte.*)

BERTHE.

Comment ! rien qu'une heure pour trouver un homme grand, beau et brave, c'est difficile ; avec ça que le pays n'en fournit pas beaucoup...

CASIMIR.

On en trouve partout quand on peut y mettre le prix... il y a 600 florins en billets du trésor dans ce portefeuille, offrez-les à celui qui voudra remplacer votre futur. (*Il lui donne le portefeuille.*)

BERTHE.

Bah !.. les hommes, ça se vend donc ?

CASIMIR.

Plus ou moins, la différence n'est que dans la somme.

LE BARON, *redescendant**.

Ah ! ça, que faites-vous, capitaine ?

CASIMIR.

Je veux à tout prix tenir la parole d'honneur que j'ai donnée... Kalt sera remplacé aujourd'hui, dussé-je y sacrifier ma fortune !

BERTHE.

Brave jeune homme, aime-t-il les gens qui se marient !

LE BARON.

A votre aise... eh bien ! la belle, si vous trouvez un remplaçant tel que je vous le demande, envoyez-le sur-le-champ, chez le capitaine recruteur, auquel je vais donner mes ordres... si votre homme est accepté, ce sera une affaire faite... (*A Casimir.*) Suivez-moi, il s'agit de lire à votre compagnie, l'ordre du feld-maréchal avant son arrivée et il est attendu d'un moment à l'autre.

CASIMIR, *à Berthe.*

Si dans une heure vous n'avez pas réussi, je réussirai, moi, je vous le promets.

LE BARON.

Air : *Aux chagrins de l'absence.*

Mais venez, le temps presse ;
C'est trop tarder ici.

CASIMIR.

Je tiendrai ma promesse.

* Le Baron, Berthe, Casimir.
* Berthe, le Baron, Casimir.
* Le Baron, Casimir, Berthe.

BERTHE.

Moi, j' tiendrai mon mari.

(Casimir sort avec le général par le fond à gauche.)

SCÈNE X.

FRICK, *puis* BERTHE.

BERTHE.

Il ne s'agit plus que de trouver un jeune homme de bonne volonté... je n'ai qu'une heure pour cela... bah! le capitaine de recrutement ne sera peut-être pas si difficile... et puis en parant un peu la marchandise... c'est dit, le premier que je rencontre... je mets la main dessus.

FRICK, *accourant par la gauche.*

Me voilà, on est prêt?.. faut-il aller chercher mam'selle Claire?.. oui, tant mieux, ça me fait plaisir!

BERTHE, *à part.*

Eh! mais... celui-là... pourquoi pas?

FRICK.

Dites-moi? c'est donc pour tout de suite?

BERTHE.

Tout de suite, quoi?

FRICK.

Votre mariage...il paraîtrait... puisque Kalt est venu me chercher au poste pour lui servir de témoin ... par exemple, il faut que le bonheur ait fait tourner la tête à votre futur, est-ce qu'il ne m'a pas dit que ça aurait lieu dans le fossé du rempart... une noce dans un fossé, ça ne s'est jamais vu!

BERTHE, *à elle-même sans l'écouter.*

Comment entamer l'affaire... bah! essayons... *(Haut, regardant Frick.)* Ah! par exemple... voilà qui est bien singulier, et dire que je m'en étais pas encore aperçue.

FRICK, *comme s'il comprenait.*

En vérité!.. *(Se reprenant)*. Ah! ça, de quoi aperçu?

BERTHE.

Savez-vous bien, monsieur Frick, que vous êtes assez beau garçon.

FRICK.

Oui, assez... mais pas trop!

BERTHE.

Si fait... ça saute aux yeux... tournez-vous donc... *(Il pirouette sur lui-même.)* Encore, encore!..

FRICK.

Encore?.. dites-moi tout de suite de valser, ça sera plus tôt fait.

BERTHE, *comme à elle-même.*

Mais, oui, taille avantageuse!

* Berthe, Frick.

FRICK.

C'est vrai... la taille n'est pas mal.

BERTHE.

Tournure martiale... physique à l'avenant et puis un petit air tapageur qui n'est pas désagréable du tout... mais du tout.

FRICK.

Tapageur!.. moi?.. Eh bien! franchement, je ne le suis pas... mais il y a comme ça des mines trompeuses.

BERTHE.

Pas la vôtre... je trouve même que votre air va très bien à votre figure.

FRICK.

Ça tient sans doute à l'habitude qu'ils ont d'être ensemble...

BERTHE.

Oui, c'est probablement ça. . c'est très bien... très bien!..

FRICK, *soupirant.*

Ah! si mam'selle Claire pouvait vous entendre, ça la ferait peut-être revenir de ses préjugés à mon égard.

Air : *de l'Écu de 6 francs.*

D' mon physique ell' fait le martyre...
Si par le hasard le plus grand
Des détails ell' cesse d' médire;
C'est à l'ensemble qu'ell' s'en prend;
Plus j' veux lui plaire et plus y m' semble
Que j' n'aboutis dans ce travail
Qu'à lui faire haïr en détail;
C' qu'ell' n' peut pas souffrir comme ensemble.

BERTHE.

Je sais bien d'où cela vient.

FRICK.

Bah! vous avez deviné la cause de son indifférence pour moi?

BERTHE.

La cause... c'est que vous avez toujours l'air embarrassé... on dirait que vous n'êtes pas dans votre assiette.

FRICK.

Oui, avec elle.

BERTHE.

Et avec vous-même... C'est tout naturel, quand on ne peut pas suivre sa vocation. Tenez, je parierais que vous avez manqué la vôtre.

FRICK.

Je suis forcé d'en convenir... c'est vrai... Mon père a fait de moi un meûnier comme lui, moi j'avais dans l'idée que je deviendrais un jour... herboriste.

BERTHE.

Ou soldat!

FRICK.

Non! herboriste!..

BERTHE.

Oh! si!.. D'abord, vous êtes brave!

FRICK.

Non!.. ça dépend... individuellement, dans la garde urbaine, ce n'est pas notre fort, mais quand nous sommes plusieurs.

BERTHE.

Oui, comme qui dirait avec un régiment... c'est beau, n'est-ce pas, de figurer au premier rang d'une compagnie?.. de tenir sa place ou celle d'un autre... celle de Kalt, par exemple, car ce n'est pas pour vous flatter, mais je trouve que vous représentez tout aussi bien que lui.

FRICK, *à part.*

Hein?.. on dirait une déclaration... Un jour de noce... c'est singulier!..

BERTHE.

Il y a même des occasions où vous mériteriez la préférence... et, je trouve qu'en vous prenant à sa place, on ne perdrait pas au change.

FRICK, *à part.*

Ah! sapristi, cette jeunesse a des intentions positives... il faut arrêter ça... (*Haut.*) Je vous comprends, mam'selle Berthe, mais je suis un honnête garçon, et je vous préviens que j'en tiens pour votre cousine... mais, là, ferme!

BERTHE.

Mais...

FRICK.

Oh! n'y a pas de mais...

BERTHE.

Mais, je...

FRICK.

Non! vous auriez tort d'insister.

BERTHE.

Je dis, mais par malheur vous ne savez pas comment vous y prendre pour être payé de retour... cependant, le moyen est bien simple, si vous voulez que je vous l'enseigne.

FRICK.

Si je le veux... (*A part.*) Qu'est-ce qu'elle va donc m'apprendre?.. Au surplus, je peux me risquer, il paraît que ce n'est pas pour elle.

BERTHE.

Avec nous autres, jeunes filles, il ne suffit pas qu'un amoureux soit aux petits soins, soumis, fidèle... il faut d'abord flatter notre vanité... Qu'est-ce qu'un paysan... un soldat de la garde urbaine... ça, et rien du tout, c'est absolument la même chose.

FRICK, *vexé.*

Ah! mais, dites donc.

BERTHE, *continuant.*

Mais un militaire! un vrai militaire! qui porte bien l'uniforme, comme Kalt, par exemple... qui a fait parler de lui... encore comme Kalt, à la bonne heure, on l'aime celui-là!.. On est fière de le montrer à tout le monde et jalouse de le garder pour soi.

FRICK.

Vous croyez?

BERTHE.

Certainement!.. il ne vous manque que l'habit de chasseur du Tyrol et trois ans de campagne comme Kalt, pour que ma cousine soit folle de vous.

FRCIK.

Si j'en étais sûr!..

BERTHE.

Dame!.. c'est votre dernière ressource... il ne coûte rien d'en essayer.

FRICK.

Ça me coûterait trois ans et les désavantages de la profession.

BERTHE.

Oui, mais est-ce qu'on ne pourrait pas vous les faire oublier en vous donnant 600 florins.

FRICK.

600 florins et l'amour de mam'selle Claire... Diable, mais ça demande réflexion.

BERTHE.

Oui, mais vous n'avez pas le temps de réfléchir, c'est à prendre ou à laisser à un autre... il y a concurrence... voyez si vous voulez perdre une si belle occasion d'être aimable... et soldat.

FRICK.

Et vous me promettez que dans trois ans, votre cousine sera éperduement amoureuse de moi.

BERTHE.

Ça ne peut pas vous manquer... mais dépêchez vous, le temps presse... (*Elle lui donne le portefeuille.*) courez chez le capitaine de recrutement, présentez-vous à lui de la part du général et endossez l'uniforme, il n'y a que ça qui puisse vous faire aimer.

FRICK.

J'y cours, et je reviens... ah! que je vous remercie du service que vous me rendez!.. je vais enlever mam'selle Claire à la baïonnette.

Air : *de l'Ambassadrice.* (Auber.)

De votre assurance
Mon cœur est charmé,
Grâce à mon absence
Je vais être aimé.
Lorsque sans cesse auprès d'elle
Mon amour faisait r'tentir
Ses gros soupirs ; la cruelle
Ne pouvait pas me sentir.

BERTHE.

Oui, ma cousine est capable',
Notre cœur est fait ainsi,
De vous trouver adorable
Dès que vous serez parti.
De mon assurance
Qu' vot' cœur soit charmé
Grâce à votre absence
Vous serez aimé.

FRICK.

De votre assurance, etc.

(*Il sort en courant.*)

SCÈNE XI.

BERTHE, *seule.*

Quel bon garçon ! s'exposer à se distinguer comme Kalt... à prendre aussi un drapeau... et me laisser mon mari... tout ça pour 600 florins... vrai, ce n'est pas payé.

SCÈNE XII.

LE BARON, BERTHE.

LE BARON, *à Berthe.*

Eh ! bien ! mon enfant, as-tu trouvé?..

BERTHE.

Oui, général, et tout de suite encore...

Air : *Comme il m'aimait.*

J'ai mon soldat, (*bis.*)
Le refuser est impossible ;
Car ce soldat (*bis*)
Connait déjà pas mal l'état,
Qu'ell' joie après c' coup si pénible
De dir' quand on a l' cœur sensible
J'ai mon soldat. (*bis.*)

LE BARON.

C'est donc un bel homme !

BERTHE.

Un homme superbe!..

LE BARON.

Et il a déjà servi, dis-tu ?

BERTHE.

Je crois bien ! dans la garde urbaine.

LE BARON.

Tu appelles cela servir ?

BERTHE.

C'est un petit commencement... d'ailleurs, il ne peut pas manquer d'avoir du courage, puisqu'il s'engage par amour... je vous en réponds, monseigneur, vous ne faites pas une mauvaise affaire... ni moi non plus.

LE BARON.

Tant mieux !.. car je me reprochais déjà d'avoir ordonné au capitaine recruteur de se montrer accommodant.

BERTHE.

Vous avez fait ça... ah ! c'est très bien de votre part.

LE BARON.

Du tout, c'est mal !.. mais après ce qui m'a été révélé tout-à-l'heure, je n'ai pu me défendre d'un mouvement d'indulgence... Kalt... un si brave soldat !

BERTHE.

Qui m'aime tant !

LE BARON.

Je comprends qu'il soit impatient d'être libre.

BERTHE, *avec coquetterie.*

Vous êtes bien honnête, général.

LE BARON.

Sa position est pénible !

BERTHE.

Très pénible !.. ne pouvoir se marier...

LE BARON.

Ne pouvoir se battre !

BERTHE.

Comment se battre ?

LE BARON.

Sans doute... c'est ce qu'est venu m'apprendre en tremblant... un de ses amis... le garde-chasse Salzmann... son témoin.

BERTHE.

Oui, son témoin pour le mariage.

LE BARON.

Non, te dis-je, pour le duel, il paraît que ce pauvre Kalt a reçu une grave injure de la part d'un de mes officiers... par Dieu !.. je serais enchanté que le soldat redevenu bourgeois donnât une bonne leçon à celui qui l'a offensé.

BERTHE.

Est-il possible, c'est pour se battre avec un officier que Kalt se ferait remplacer.

LE BARON.

Uniquement pour cela ?

BERTHE.

Mais il y a du danger.

LE BARON.

Je ne dis pas le contraire.

BERTHE.

Et vous approuvez cela ?

LE BARON.

Tout-à-fait, du moment que ce ne sera plus mon devoir de l'empêcher... je serai le premier à lui dire : bats-toi, mon garçon ; ça fera encore honneur au régiment.

BERTHE.

Vous ne pensez donc pas que je peux être veuve avant d'être mariée.

LE BARON.

La veuve d'un brave, c'est très glorieux, mon enfant !

BERTHE.

Je me moque bien de la gloire, moi ; je veux mon mari ; et dire que je me suis donné tant de peine pour lui trouver un remplaçant.

SCENE XIII.

LES MÊMES, KALT*.

KALT, *entrant sur les derniers mots.*

Un remplaçant, pour moi ?

LE BARON.

Certainement.... il le fallait bien puisqu'un ordre supérieur me défend de te donner ton congé ?

* Le Baron, Kalt, Berthe.

BERTHE.

Ah ! c'était là un ordre paternel.

LE BARON.

Mais, grâce à ta fiancée, tu vas quitter le service.

KALT.

C'est à toi que je devrais ça... ah ! merci, merci !.. ma petite Berthe.

BERTHE.

Il me remercie encore ?

KALT.

Je crois bien, tu me rends libre** !

BERTHE.

Du tout, Monsieur, je n'en ai pas le droit ni le général non plus... vous avez encore trois ans à faire, c'est la loi qui le veut ; aussi, Monseigneur, je vous prie de le garder... de le dorloter le plus longtemps possible... quand je devrais mourir vieille fille, j'entends qu'il reste soldat et qu'il ne se batte pas.

KALT.

Mais puisque j'ai un remplaçant.

BERTHE.

Il ne peut pas convenir au général.

LE BARON.

Tu me disais le contraire tout-à-l'heure.

BERTHE.

Tout-à-l'heure Kalt ne devait pas avoir un duel avec un officier et il devait m'épouser... mainte-je puis vous avouer la vérité, celui qui doit remplacer mon fiancé c'est Frick... à qui vous avez donné des coups de canne.

LE BARON.

Comment !.. ce drôle ?..

KALT, *au baron d'un côté.*

Qu'importe, général, la discipline le formera.

BERTHE, *au baron, de l'autre côté*

D'abord, il est très poltron !

KALT, *de même.*

On ne l'est jamais dans les rangs.

BERTHE, *de même.*

Il est affreux !

KALT, *de même.*

Tant mieux, il fera peur à l'ennemi.

BERTHE, *de même.*

Il est trop petit.

KALT, *de même.*

Il grandira !

LE BARON, *étourdi.*

Ah ! ça, finirez-vous.

KALT.

Non, vous ne pouvez pas me refuser ma liberté !

BERTHE.

S'il se bat, il peut être tué.

KALT, *bas au baron, montrant Berthe.*

Si je ne me bats pas, elle est déshonorée !...

** Le Baron, Berthe, Kalt.
* Berthe, Le Baron, Kalt.

LE BARON.

Elle ?

BERTHE.

Ne l'écoutez pas, il cherche à vous influencer.

LE BARON.

Allez au diable tous les deux !

KALT, *apercevant Frick.*

Vivat ! voilà Frick !

BERTHE.

Là !.. tout est perdu !..

SCÈNE XIV.

LES MÊMES, FRICK*.

KALT, *à Frick, lui prenant les mains.*

C'est toi, mon ami, mon cher ami !..

FRICK.

Je viens de chez le capitaine de recrutement.

LE BARON.

Eh bien ?

FRICK.

Il m'a refusé !

KALT, BERTHE, *avec un sentiment différent.*

Refusé !

LE BARON.

Cela ne m'étonne pas.

BERTHE.

Quel bonheur ! au fait cela devait être... on ne pouvait pas recevoir un garçon comme lui, en remplacement d'un si bel homme.

FRICK.

Il ne s'agit pas d'humilier mon physique, mam'selle Berthe... on n'a pas voulu de moi, c'est vrai ! mais parce qu'il s'en était déjà présenté un autre.

KALT.

Un autre remplaçant pour moi ?

FRICK.

Oui, et on l'avait accepté. (*Il remonte.*)

BERTHE, *avec douleur.*

Allons... me revoilà veuve !

LE BARON.

Ainsi, mon brave, tu n'es plus soldat.

KALT.

En ce cas, à bas l'uniforme !.. (*En déboutonnant son habit comme pour l'ôter il laisse tomber la dragonne.*)

LE BARON.

Qu'est-ce que c'est que ça ?.. (*La ramassant.*) ma dragonne !..

KALT.

A vous ?..

LE BARON.

Sans doute, je la reconnais...

* Le Baron, Kalt, Frick, Berthe.

KALT.

La sienne! Ah!.. comment, général, c'est vous.

LE BARON.

Mais, oui...c'est celle que j'ai donnée il y a huit jours.

KALT.

A qui, général?

LE BARON.

Au capitaine Casimir Wenzel, mon neveu!

KALT, *à part.*

Mon capitaine, c'était lui!..

FRICK, *du fond, où il était resté.*

Voilà un soldat qui accourt par ici!..

LE BARON.

Ton remplaçant peut-être?

BERTHE.*

Un moment, général... celui-là ne peut être qu'un homme de hasard... un soldat de rencontre... nous n'en voulons pas!

SCENE XV.

LES MÊMES, CASIMIR, *en soldat.*

KALT.

Comment, nous n'en voulons pas!...

TOUS.

Le capitaine!..

BERTHE.

C'est égal!.. nous n'en voulons pas!...

CASIMIR.

Vous seriez donc plus difficile que le feld-maréchal lui-même.

LE BARON**.

Que veut dire cette folie? monsieur.

CASIMIR.

Rien n'est plus sérieux; j'avais donné ma parole à Kalt, j'ai tenu mon serment, ma démission de capitaine est acceptée, je suis soldat. (*Bas à Kalt.*) A présent je puis te dire le nom que tu veux savoir.

KALT, *bas avec émotion.*

C'est inutile, votre dragonne est dans les mains du général.

BERTHE, *au baron.*

Comment! général, vous avez le cœur de l'accepter.

LE BARON.

Que veux-tu?.. en conscience, je ne peux pas refuser un soldat comme celui-là.

KALT, *à part.*

Ah! s'il n'avait pas vu dormir ma future.

* Le Baron, Berthe, Frick, Kalt.
** Berthe, le Baron, Casimir Kalt, Frick.

SCÈNE XVI.

LES MÊMES, CLAIRE.

CLAIRE.

Me voilà pour la cérémonie. Eh bien! la mariée n'est pas encore prête *?

BERTHE.

Il n'est plus question de mariage, mon futur va se battre... c'était bien la peine de le céder pendant trois ans et sept semaines... on perd toujours à attendre.

CASIMIR.

Ce duel n'empêchera pas la noce : quand l'honneur sera satisfait, Kalt pourra conduire sa femme dans la chambre nuptiale.

KALT, *prenant la main de Casimir.*

Merci, mon capitaine.

CLAIRE, *à Berthe.*

En parlant de chambre... Frick a dû te remettre...

BERTHE.

Quoi donc?

ERICK, *descendant en scène.*

Ah! oui, au fait j'avais oublié... une clé.

CLAIRE.

Que j'avais emportée ce matin par mégarde.

KALT.

Hein? quelle clé?..

FRICK.

Celle de la chambre à coucher de mam'selle Berthe.

BERTHE.

Que je lui avais cédée hier au soir et où elle a passé la nuit, attendu qu'il était trop tard pour retourner chez elle.

CASIMIR, *à part.*

C'était celle-là!

KALT, *à part.*

Berthe avait cédé sa chambre!

CASIMIR.

Mais alors...

KALT.

En ce cas-là...

CASIMIR.

Il paraît que...

KALT.

C'est évident...

CASIMIR.

C'est positif...

KALT, *dans l'ivresse de la joie.*

Mais cer... certainement... c'est tout... tout-à-fait po... positif.

BERTHE.

Eh bien! voilà qu'il bégaye encore.

CASIMIR, *avec bonheur.*

Ah! mon pauvre Kalt!

* Frick, *au fond à gauche*, Berthe, le Baron, Claire, Casimir, Kalt.

KALT, *l'embrassant.*

Ah ! mon brave capitaine! (*Kalt passe près de Berthe, le Baron qui était remonté un peu à gauche, et observait, redescend* *.)

LE BARON.

Enfin, m'expliquerez-vous?

BERTHE.

Oui, tu vas nous dire...

CLAIRE.

Certainement... il faut que nous sachions...

FRICK.

Sans doute, j'éprouve le besoin de savoir...

KALT, *prenant Berthe et Claire sous le bras.*

Eh bien ! écoutez! il n'y a personne de trop ici... pas même vous, général... Je vais vous dévoiler le mystère!.. Figurez-vous qu'il y a trois ans... non, je me trompe... hier.. c'est-à-dire cette nuit.. elles étaient deux, n'est-ce pas?.. Alors, ce matin, on vient dire à un jeune homme c'est ci... c'est ça... il croit que c'est l'autre... Naturellement vous l'auriez cru comme lui... pas du tout! c'était l'autre, au lieu de l'autre qui était avec l'autre, hier... pas ce matin, et si la clé était arrivée plus tôt... il n'y a pas de doute, tous les torts sont du côté de Frick!..

FRICK, *ébahi.*

Des torts! comment des torts!.. Ah!.. à cause de la clé?.. c'est vrai! oui, j'ai tort!.. j'aurais dû la donner plus tôt; mais au bout du compte qu'est-ce que ça prouve?

* Frick, Claire, Kalt, Berthe, le Baron, Casimir.

KALT.

Ça prouve que tu peux épouser mademoiselle Claire!.. de confiance!..

CASIMIR.

Avec les six cents florins que je te laisse pour dot.

LE BARON, *à Casimir.*

Mauvais sujet! voici votre dragonne.

KALT.

Ne la perdez plus, capitaine.

BERTHE, *au Public.*

Air: *de mademoiselle Garcin.*

J'ai mon mari, mais ça n'est pas sans peine,
Vous avez vu, Messieurs, mon embarras,
On y tient tant, que, sans le capitaine,
Je crois vraiment qu' j' n' le remplaçais pas!
P'être on voudra qu'il monte encor sa garde,
Comme en ménage y n' faut jamais d'absent,
Que tous les soirs, afin que je le garde
Chacun de vous m'envoie un remplaçant.

CHOEUR FINAL.

Air : *d'Hormille.*

Puisqu'à présent l'hymen { M' / L' } engage
{ Je serai / Il sera } d'après { mon / son } serment..
Aussi bon époux en ménage
Que bon soldat au régiment.

FIN.

LAGNY. — IMPRIMERIE DE GIROUX ET VIALAT.

EN VENTE CHEZ LE MÊME ÉDITEUR.

Vicomte de Letorières. 60
Les Fées de Paris. 50
La jeunesse de Charles-Quint. 60
Monstre de femme. 40
Pour mon fils. 50
Lucienne. 50
Les jolies Filles de Stilberg. 40
L'Enfant de chœur. 50
Le Grand-Palatin. 60
La Tante mal gardée. 40
Les Circonstances. 40
La Chasse aux vautours. 40
Les Batignollaises. 40
Une Femme sous les scellés. 30
Les Aides-de-camp. 50
Le Mari à l'essai. 40
Chez un Garçon. 40
Jaket's-Club. 40
Mérovée. 50
Les deux Couronnes. 60
Au Croissant d'argent. 50
Le Château de la Roche-Noire 40
Mon illustre Ami. 40
Le premier Chapitre. 50
Talma en congé. 40
L'Omelette fantastique. 50
La Dragonne. 50
La Sœur de la Reine. 60
La Vendetta. 50
Le Poëte. 50
Les Informations conjugales. 50
Une Maîtresse anonyme. 50
Le Loup dans la bergerie. 50
L'Hôtel de Rambouillet. 60
Les Deux Impératrices. 60
La Caisse d'Épargne. 60
Thomas le Rageur. 50
Derrière l'Alcove. 30
La Villa Duflot. 50
Péroline. 50
Une Femme à la Mode. 40
Les Égarements d'une Canne et d'un parapluie. 40
Les Deux Anes. 50
Foliquet, coiffeur des dames. 50
L'Anneau d'Argent. 40
Recette contre l'Embonpoint. 50
Don Pasquale. 40
Mademoiselle Déjazet au sérail. 40
Touboulic le Cruel. 40
Hermance. 60
Canuts. 50
Entre Ciel et Terre. 40
La Fille de Figaro. 60
Métier et Quenouille. 50
Angélique et Médor. 50
Loïsa. 60
Jocrisse en Famille. 40
L'autre Part du Diable. 40
La chasse aux Belles Filles. 60
La Salle d'Armes. 40
Une Femme compromise. 60
Patineau. 50
Madame Roland. 60
L'esclave du Camoëns. 50
Les Réparations. 50
Le mariage du gamin de Paris. 50
La Veille du Mariage. 40
Paris bloqué. 60
Ménage Parisien. 1 »
La Bonbonnière. 50
Adrien. 50
Pierre le millionnaire. 60
Carlo et Carlin. 60
Le Moyen le plus sûr. 50
Le Papillon Jaune et Bleu. 50
La Polka en province. 50
Une Séparation. 40
Le roi Dagobert. 60
Frère Galfâtre. 60
Nicaise à Paris. 40
Le Troubadour-Omnibus. 50
Un Mystère. 60
Le Billet de faire part. 60
Fiorina. 60
Pulcinella. 60
La Sainte-Cécile. 60
Follette. 50
Deux Filles à marier. 50
Monseigneur. 60
A la Belle Étoile. 30
Un Ange tutélaire. 50
Wallace. 60
Un jour de Liberté. 60
Paris à tous les Diables. 60
Une Averse. 50
Madame de Cérigny. 60
Le Fiacre et le Parapluie. 40
La Morale en action. 50
L'Habeas Corpus. 50
Mimi Pinson. 50
L'Article 170. 60
Les Deux Pierrots. 50
Les Viveurs. 60
Le Seigneur des Broussailles. 50
L'Amour dans tous les quartiers. 60
La Pêche aux Beaux-Pères. 60
Un premier souper de Louis XV 50
L'Homme et la Mode. 60
L'Almanach des 25,000 adresses 60
Les Murs ont des oreilles. 60
La Charbonnière. 60
Le Code des Femmes. 50
On demande des Professeurs. 50
Le Pot aux Roses. 50
La grande et les petites Bourses. 50
L'Enfant de la Maison. 50
Riche d'Amour. 60
La Comtesse de Morange. 60
La Gloire et le Pot-au-Feu. 50
Les Pommes de terre malades. 60
Le Marchand de Marrons. 60
Mardi gras. 40
Le Mari perdu. 60
Les Dieux de l'Olympe. 60
Le Carillon de Saint-Mandé. 50
Geneviève. 60
Mademoiselle ma femme. 50
Mort civilement. 50
Mal du pays. 50
La Veuve de quinze ans. 50
La Garde-Malade. 50
Le Fruit défendu. 40
Clarisse Harlowe (Parodie). 60
Place Ventadour. 60
Roch et Luc. 50
La Protégée sans le savoir. 60
Une Fille Terrible. 50
La Planète à Paris. 50
L'Homme qui se cherche. 50
Ne touchez pas à la Reine. 1 »
Maître Jean ou la Comédie à la Cour. 60
Une année à Paris. 60
Irène ou le Magnétisme. 60
Amour et Biberon. 50
Bal et Bastringue. 50
Un Bouillon d'onze heures. 40
La Cour de Biberack. 50
D'Aranda. 60
Partie à trois. 50
Une femme qui se jette par la fenêtre. 60
L'Avocat pédicure. 50
Les trois Paysans. 50
Croquignole. 50
Le chevalier de Saint-Remy. 60
Un Vœu de jeunes filles. 50
Secours contre l'Incendie. 50
Le Chapeau gris. 50
Sans Dot! 50

En vente, chez le même Editeur :

ŒUVRES COMPLÈTES DE M. EUGÈNE SCRIBE,

5 vol. grand in-8 à colonnes, édition Furne,
avec 180 jolies vignettes en taille-douce, de MM. Alfred et Tony Johannot
Gavarni, etc. — Prix : 60 fr. net : 30 fr.

IMPRIMERIE HYDRAULIQUE DE GIROUX ET VIALAT, A LAGNY.

www.ingramcontent.com/pod-product-compliance
Lightning Source LLC
LaVergne TN
LVHW020508230826
846091LV00008BA/3398

9782013680820